I. Vom Hauptbahnhof zum Falkeplatz

[1] Hauptbahnhof

Chemnitz, das »sächsische Manchester«, hat seit 1852 auf Initiative lokaler Industrieller einen Bahnanschluss. Die erste Strecke führte nach Riesa, einem wichtigen Standort der Stahlproduktion. Das heutige Hauptgebäude des Bahnhofs wurde 1873 errichtet. Die in den 1970er Jahren neu gebaute Bahnsteighalle ist mit ihrer Stützenweite von 72 Metern eine bemerkenswerte ingenieurtechnische Leistung. Kommt man mit dem Zug in Chemnitz an, bemerkt man sofort eine Besonderheit des Bahnhofs: Auch Straßenbahnen fahren in die Bahnsteighalle ein. Da das Chemnitzer Straßenbahnnetz die gleiche Spurweite wie die Deutsche Bahn hat, können die Gelenkzüge bis nach Stollberg, Mittweida und in andere Orte des weiteren Umlandes fahren. Abends erstrahlt die neue Fassade der Bahnsteighalle in einem dynamischen Farbenspiel.

Von den ehemaligen Bürgervillen entlang der Bahnhofstraße ist die Villa Zimmermann an der Ecke zur Carolastraße die interessanteste. Kommerzienrat Zimmermann war Inhaber einer großen Maschinenbaufabrik. Der 1867 fertiggestellte Wohnsitz entstand im Stil der Neogotik mit Rosetten und Kreuzblumen. Die Südfassade ziert die Skulptur einer Fabrikarbeiterin.

[2] Universität

Technische Universität Chemnitz
Im 19. Jahrhundert entstanden in Chemnitz mehrere gewerbliche Bildungseinrichtungen, die 1878 unter dem Namen Technische Staatslehranstalten fusionierten und den repräsentativen Neubau beziehen konnten. 1900 wurde sie zur Königlichen Gewerbeakademie erhoben. In den 1960er Jahren wurde ein ausgedehnter Campus an der Reichenhainer Straße errichtet. 1986 bekam die Hochschule den Rang einer Technischen Universität verliehen. Sie hat gegenwärtig reichlich 11 000 Studierende und genießt vor allem in den naturwissenschaftlichen und ingenieurtechnischen Bereichen international einen guten Ruf.

Direkt gegenüber der Eingangshalle des Bahnhofs sieht man einen Gebäudekomplex, der zum innerstädtischen Standort der Universität gehört. Die Bauten sind Erweiterungen vom Anfang des 20. Jahrhunderts.

Das Hauptgebäude der Universität, in dem auch der Rektor seinen Sitz hat, ist zum Schillerplatz hin ausgerichtet. Das Bauwerk entwarf Alwin Gottschaldt, der selbst an der Schule Architektur unterrichtete, in Formen der italienischen Neorenaissance. Der Mittelrisalit wird vom sächsischen Wappen mit vergoldeter Krone überragt. In Nischen stehen allegorische Figuren, Kartuschen im obersten Geschoss bilden berühmte Wissenschaftler und Erfinder ab.

[3] Schillerplatz

1847 veranlasste die Kommune die Planierung der Freifläche, die heute die Parkanlage gegenüber der Universität bildet, als Arbeitsbeschaffungsmaßnahme. Der Namensgebung zum 100. Geburtstag Friedrich Schillers 1859 folgte bald die gärtnerische Gestaltung. Damit entstand der erste planmäßig angelegte Schmuckplatz in der rasant wachsenden Industriestadt. An der Nordseite des Platzes entstand in den 1960er Jahren der Busbahnhof. Das an Pylonen hängende Flugdach über den Serviceeinrichtungen ist eine interessante Konstruktion. Hinter dem Busbahnhof erhebt sich ein großes Gebäude. Die 1859 eröffnete Aktienspinnerei gehörte nicht nur zu den größten Textilbetrieben Sachsens zu dieser Zeit, sondern war auch eine der ersten Aktiengesellschaften des Landes. Die architektonische Gestaltung war ursprünglich repräsentativer, nach Kriegsschäden wurde das Bauwerk notdürftig repariert. Mit dem Umbau zur Universitätsbibliothek ergeben sich neue Impulse für die Belebung des angrenzenden Brühlviertels.

*Die Bezeichnung **Brühl** leitet sich von dem lateinischen Begriff »brogilus« für Baumstück ab und wurde häufig zum Namensgeber für viele tief liegende, teilweise mit Baumwuchs versehene Stadtteile und Straßen, die auf ehemaligem Sumpfland errichtet und häufig als Weidefläche genutzt wurden. Auf diesem Anger entstand ab Mitte der 1830er Jahre ein Arbeiterwohngebiet in der schnell wachsenden Stadt. Das Quartier wurde in den 1970er Jahren zum fußläufigen Boulevard umgewandelt, litt aber seit den Neunzigern an hohem Leerstand. Die gegenwärtige Sanierung und neue Nutzung vieler Häuser markiert eine Renaissance dieses Standortes.*

[4] Hotel Chemnitzer Hof

Geht man die Straße der Nationen Richtung Stadtzentrum, kommt man bald zum Theaterplatz. Er ist seit dem frühen 20. Jahrhundert die »gute Stube« des Chemnitzer Bürgertums. Seine heutige Gestalt mit dem Rondell an der Straße der Nationen und dem Karomuster besitzt er seit 1995. Im Sommer finden auf dem Platz auch Open-Air-Veranstaltungen mit Konzerten und Filmvorführungen statt.

Die Nordseite des unter dem Straßenniveau liegenden Platzes bildet das Hotel Chemnitzer Hof. In der expandierenden Industriestadt herrschte in den

1920er Jahren ein Mangel an Übernachtungsmöglichkeiten für Dienstreisende. Wirtschaftskreise schrieben deshalb den Wettbewerb für ein Hotel aus. Obwohl der Architekt Paul Bonatz gewann, bekam der Zweitplatzierte Heinrich Straumer den Auftrag. Der aus Chemnitz stammende Architekt schuf 1928/30 bei dem Hotelbau eine Synthese zwischen der zu dieser Zeit die Architektur revolutionierenden Neuen Sachlichkeit und neoklassizistischen Anklängen. Die Fassaden, deren einziger Schmuck die kupfernen Regensammler und die Namensinschrift sind, wurden mit Elbsandstein in einem warmen Gelbton verkleidet. Im Inneren wurde mit edlen Materialien im Stil des Art déco gearbeitet.

Das Restaurant »Opera« lädt mit anspruchsvoller Gastronomie ein (Mo–Fr 17–23 Uhr, Sa/So 12–23 Uhr).

[5] St. Petri

Christian Gottlob Neefe 1748–1798, Komponist und Musiker. Die Familie Neefe gehörte seit dem späten Mittelalter zu den angesehensten Patriziern von Chemnitz. Nicht nur Kaufleute entstammten ihr, auch Gelehrte und Künstler. Christian Gottlob Neefe erhielt seine erste musikalische Ausbildung durch den Organisten von St. Jakobi, studierte dann dank eines Stipendiums Rechtswissenschaften an der Universität Leipzig. Er lernte den Komponisten Johann Adam Hiller kennen und wurde sein Meisterschüler. Neefe erhielt 1779 in Bonn eine Anstellung als Musikdirektor, später auch als Organist. Zu seinen Schülern gehörte ab 1782 der junge Ludwig van Beethoven. Er war Mitglied der Freimaurer und stand der Aufklärung nahe. Ab 1796 wirkte Neefe in Dessau.

Die Einwohnerzahl der Stadt war seit der Gründerzeit regelrecht explodiert, kurz vor dem Ersten Weltkrieg wurde die Grenze von 300 000 überschritten. Als geistliches Zentrum der hauptsächlich von Fabrikarbeitern bewohnten Nordvorstadt wurde daher auf dem aus einer kommunalen Weide hervorgegangenen Neustädter Markt 1885/88 die Petrikirche als damals größtes Gotteshaus der Stadt erbaut. Der Leipziger Architekt Hans Enger gewann den Wettbewerb mit einem Entwurf, der sich an das Eisenacher Regulativ hielt, welches für den Neubau evangelischer Kirchen die Neogotik quasi verbindlich vorschrieb. Da die Predigt in evangelischen Gotteshäusern im Mittelpunkt steht, ist das zur Kanzel ausgerichtete Langhaus relativ breit, die Arme des Querschiffs sind hingegen nur schwach ausgeformt.

Die Fassaden des Lang- und Querhauses wie auch des 82 Meter hohen Turmes leben vom Kontrast der Klinkerflächen zur Ornamentik aus hellem Sandstein. Eine Besonderheit sind die den spitzbogigen Fenstern des Langhauses eingefügten Rosetten.

Die Kirche wurde im Zweiten Weltkrieg nur leicht beschädigt, eine 1978 begonnene Sanierung zog sich dennoch zwei Jahrzehnte in die Länge. Seit 2008 kann man auch die von der Orgelbaufirma Vleugels restaurierte Orgel mit ihren 58 Registern wieder hören. 1888 von Friedrich Ladegast erbaut, war 1913 durch die Firma Gebr. Jehmlich der Umbau von einer mechanischen zu einer pneumatischen Traktur erfolgt.

[6] Oper

Richard Tauber jr. 1891–1948, Opernsänger. Der uneheliche Sohn des Intendanten der Chemnitzer Oper gleichen Namens mit der Sängerin Elisabeth Denemy wurde in Linz geboren. Er studierte in Frankfurt am Main Klavier und Komposition. 1913 stand er im neuen Chemnitzer Theater in Mozarts »Zauberflöte« erstmals als Tenor auf einer Bühne. Bald darauf bekam er ein Engagement in Dresden und wurde schnell weltberühmt als »König des Belcanto«, trat aber auch in vielen Filmen auf. Eine eigene Filmgesellschaft scheiterte. Tauber emigrierte während des NS-Regimes nach Großbritannien. Er starb in London mit 56 Jahren an Lungenkrebs.

Ab 1836 besaß Chemnitz ein Schauspielhaus. Schon zu Beginn des 20. Jahrhunderts war es der prosperierenden Stadt zu klein geworden. Stadtbaurat Richard Möbius übernahm die Aufgabe, das Neue Stadttheater mit dem benachbarten Museum als Ensemble zu planen. Er schuf das Bauwerk in einer zurückhaltenden Variante des Neobarock. Auf dem Gesims über dem Eingang sieht man allegorische Figuren für Musik, Komik, Tanz und Tragik. 1909 wurden beide Bauten eingeweiht. Anton Richard Tauber führte das Haus als Intendant von 1912 bis 1930 zu einer qualitativen Blüte. Sein berühmter und gefeierter Sohn Richard Tauber hatte als Sänger hier die ersten Auftritte.

Nach schweren Zerstörungen 1945 wurde trotz der allgemeinen Notlage das Opernhaus bis 1951 wieder aufgebaut. 1988–1992 erfolgte eine umfassende Sanierung, verbunden mit einem Magazinanbau. Der beim Wiederaufbau schlicht gehaltene Innenraum wurde nach zeitgemäßen gestalterischen, technischen und akustischen Ansprüchen durch ein Kollektiv von Architekten, Designern und Künstlern völlig umgestaltet. Seitdem hat sich das Haus, das auch Sitz der Robert-Schumann-Philharmonie ist, erneut große Anerkennung in der überregionalen Wahrnehmung erarbeitet.

[7] Museum am Theaterplatz

Di–So 11–18 Uhr

Das Museum am Theaterplatz gehört zu den Kunstsammlungen Chemnitz. Im 19. Jahrhundert entstanden in der Stadt verschiedene, durch Vereine getragene Sammlungen. Um die Jahrhundertwende reifte die Idee eines kommunalen Museums. Nach einem Ideenwettbewerb wurden Richard Möbius die Planungen für einen Museumsneubau übertragen. Die Herausforderung für ihn bestand nicht allein darin, die Petrikirche in das Konzept zu integrieren, sondern in dem Museum fünf Kollektionen zu vereinen. Möbius gelang dies durch einen langgezogenen Bau, der stilistisch an die Neorenaissance angelehnt ist und durch einen Zentralbau mit Dachreiter leicht akzentuiert wird. 1909 wurde die nach dem 1902 verstorbenen sächsischen Monarchen König Albert benannte Einrichtung durch seinen Nachfolger Friedrich August III. eingeweiht.

Als Kunstmuseum ist das Haus eigentlich erst seit 1920 anzusehen, als die Städtischen Kunstsammlungen unter Einbeziehung der Bestände der Kunsthütte gegründet wurden. Als erster Direktor erwarb sich Friedrich Schreiber-Weigand große Anerkennung durch Ausstellungen und Ankäufe der damals avantgardistischen Strömungen, darunter von Werken der aus der Region

Karl Schmidt-Rottluff *1884–1976, Maler und Grafiker. Schmidt hängte sich seinen Geburtsort Rottluff, heute ein Stadtteil von Chemnitz, an den Namen an. Er besuchte das Gymnasium auf dem Kaßberg und begann in Dresden ein Architekturstudium. Zusammen mit Heckel, Kirchner und Bleyl gründete er 1905 die Künstlergruppe »Die Brücke«, neben dem »Blauen Reiter« in München eine Keimzelle des Expressionismus. Von den Nazis wurde er als »entartet« verfemt. Die Kunstsammlungen Chemnitz besitzen heute nach schmerzlichen Verlusten wieder rund 500 Werke Schmidt-Rottluffs, der zu den Klassikern der Moderne zählt. 2015 fand eine große Retrospektive statt.*

Ernst Ludwig Kirchner 1880–1938, Maler und Grafiker. Kirchner lebte ab 1890 wegen der Beschäftigung und späteren Professur seines Vaters an der Chemnitzer Hochschule in der sächsischen Stadt. Er besuchte das Gymnasium auf dem Kaßberg und fiel durch seine musische Begabung auf. Danach studierte er in Dresden Architektur und war Mitbegründer der Gruppe »Die Brücke«. Als einer der wichtigsten Künstler des Expressionismus war er wie seine Mitstreiter Autodidakt. 1926 hielt er sich nochmals für einige Zeit bei seiner Mutter in Chemnitz auf. Die Diffamierung als »entartet« durch die Nazis wie auch Erkrankungen stürzten Kirchner 1938 in tiefe Depressionen.

stammenden Brücke-Künstler um Karl Schmidt-Rottluff und Erich Heckel (1883–1970). 1937 fielen viele Werke der Aktion »Entartete Kunst« zum Opfer.

Nach Jahrzehnten der Provinzialität schaffte es ab 1996 die Generaldirektorin Ingrid Mössinger, den Kunstsammlungen Chemnitz erneut internationalen Glanz zu verleihen. 2018 tritt Fréderic Bußmann ihre Nachfolge an. Als 2004 das Naturkundemuseum aus dem Gebäude auszog, ergab sich die Chance für eine Umstrukturierung.

Das Museum am Theaterplatz beherbergt 70 000 Objekte des 4. bis 21. Jahrhunderts mit den Schwerpunkten Romantik und Expressionismus. Die Abteilung Malerei umfasst u.a. Werke von Caspar David Friedrich, Ernst Ludwig Kirchner, Edvard Munch und Georg Baselitz. Zu den herausragenden Beständen der Graphischen Sammlung zählen Konvolute von Lyonel Feininger, Honoré Daumier und Wolfgang Mattheuer. In der Abteilung Skulpturen finden sich Arbeiten von Edgar Degas und Georg Kolbe. Außerdem gehören eine Textil- und Kunstgewerbesammlung, die Stiftung Carlfriedrich Claus-Archiv sowie die Kunstbibliothek zur Einrichtung. Auch die angewandten Bereiche haben einen hohen Stellenwert. Die Textilsammlung ist nach der in Krefeld die zweitgrößte in Deutschland. Zu wahren Besuchermagneten haben sich die Sonderausstellungen entwickelt.

[8] Straße der Nationen

Der breite Straßenzug vom Busbahnhof bis zum Rosenhof, teilweise dem Verlauf der früheren Königstraße folgend, ist inklusive der kreuzenden Brückenstraße ein großes Freiluftmuseum für die Architektur der DDR-Moderne. Der »sozialistische Boulevard« wurde von 1959 bis 1963 gebaut. Nach der stalinistischen Phase eines neuen Historismus war ab den späten 1950er Jahren ein Anknüpfen an die Traditionen der Klassischen Moderne möglich – die Resultate lassen sich mit parallelen Entwicklungen in Westeuropa messen.

Das 1960 fertiggestellte Wohn- und Geschäftshaus an der Ecke zur Carolastraße und die zeitgleich errichtete Industrie- und Handelskammer neben dem Theaterplatz sind die ersten Neuinterpretationen des rationalistischen sachlichen Bauens. Das frühere »Hotel Moskau« (heute »Hotel an der Oper«) folgte 1962. Bei diesen wie auch vielen weiteren Bauten wurde eine in den 1920er Jahren entstandene lokale Vorliebe für die Fassadenverkleidung mit Naturstein wieder aufgenommen.

Im Zentrum des Komplexes steht das Ensemble von drei Wohnscheiben in Kammstellung mit zwischengespannten zweigeschossigen Pavillons. Mit der ehemaligen Industrieverwaltung und der früheren Hauptpost schließen sich zwei weitere Stahlbetonskelettbauten an, die in den letzten Jahren umgestaltet wurden.

[9] SMAC im Schocken

Di–So 10–18 Uhr, Do 10–20 Uhr

An der Kreuzung von Brücken- und Bahnhofstraße sieht man die beeindruckende Fassade des SMAC, des »Staatlichen Museums für Archäologie Chemnitz«. Dieses einzige Landesmuseum des Freistaates Sachsen in Chemnitz wurde 2014 nach langer Konzeptions- und Umbauphase eröffnet.

In der Dauerausstellung wird anhand von 6200 Exponaten, zumeist Ausgrabungen entstammend, die Geschichte Sachsens von den ersten menschlichen Bewohnern vor etwa 300 000 Jahren bis zum Beginn der Industriellen Revolution dargestellt. Zu den Exponaten gehört das älteste auf dem heutigen Gebiet Sachsens entstandene Kunstwerk, eine mit Pferdeköpfen verzierte Schieferplatte, rund 12 500 Jahre alt. Höhepunkte der Ausstellung sind die schwebende Sachsenskulptur, die die Jahrtausende im Zeitraffer durchläuft, und ein 15 Meter hoher Schnitt durch geologische und archäologische Erdschichten. Großes Gewicht wird auf eine anschauliche Darstellung des Alltagslebens in verschiedenen zivilisatorischen Epochen sowie auf eine sinnliche Wissensvermittlung gelegt.

Das SMAC befindet sich in einem Bauwerk, das allgemein als »das Schocken« bekannt ist. 1901 hatte Simon Schocken die Leitung des Kaufhauses Ury in Zwickau übernommen, das ab 1907 unter dem Namen I. Schocken Söhne firmierte. Es stieg schnell zu einem der größten deutschen Einzelhandelsunternehmen auf, wozu vor allem der Grundsatz der »guten und für jedermann erschwinglichen Ware« beitrug. Das Gebäude entstand 1928/30 nach den Plänen des berühmten Berliner Architekten Erich Mendelsohn, der für Schocken mehrere Kaufhäuser schuf. Zwar verfolgte Mendelsohn andere gestalterische Grundsätze als die Bauhaus-Architekten, dennoch gehört das Schocken Chemnitz zu den hervorragenden Beispielen des modernen Bauens der 1920er Jahre in ganz Deutschland. Die Wölbung der Fassade folgt dem städtebaulichen Umfeld; die zurückgesetzten oberen Stockwerke verbanden unterschiedliche Geschosshöhen der einstigen Nachbargebäude. Kennzeichen Mendelsohns sind die horizontalen Bänder, die für einen eindrucksvollen Tag-Nacht-Effekt sorgen.

1938 wurde der Schocken-Konzern »arisiert«. Nach dem Krieg wurde das Bauwerk zum staatlichen Centrum-Warenhaus und diente auch nach 1990 noch dem Einzelhandel. Bei der Sanierung und Umnutzung für das SMAC wurde die äußere Erscheinung wieder dem ursprünglichen Zustand angeglichen. Drei sogenannte Erkerausstellungen informieren über Erich Mendelsohn, Salman Schocken und den Kaufhauskonzern Schocken.

Erich Mendelsohn
1887–1953, Architekt. Der aus Ostpreußen stammende Mendelsohn studierte in Berlin und München Architektur. 1918 gründete er ein Büro in Berlin. Zu dieser Zeit vertrat er eine skulpturale Bauauffassung, die am besten am Potsdamer Einsteinturm (1922) und der Hutfabrik Luckenwalde (1923) sichtbar wird. Für den Schocken-Konzern entwarf er mehrere Kaufhäuser, u.a. in Nürnberg und Stuttgart. Obwohl er zu den Protagonisten der Moderne gehörte, stand Mendelsohn dem Bauhaus kritisch gegenüber. Mendelsohn emigrierte bereits im Frühjahr 1933, zunächst nach England. 1935 eröffnete er in Jerusalem ein Büro, ab 1941 lebte er in den USA.

Ehemalige Dresdner Bank

[10] Johannisplatz

Hinter dem Schocken folgt die verlängerte Bahnhofstraße dem früheren Verlauf der Stadtbefestigung. Der Name Johannisplatz verweist sowohl auf das nahe Kirchlein als auch auf ein ehemaliges Stadttor mit dem Namen dieses Schutzpatrons. Auffälligstes Bauwerk an dem kleinen Park ist die einstige Dresdner Bank, die 1922/24 von Heinrich Straumer errichtet wurde. Straumer hatte wohl die Assoziation einer Schatztruhe im Sinn. Die Fassade ist mit Bruchsteinen aus Chloritschiefer verkleidet. Die expressionistischen Plastiken schuf der damals weithin bekannte Bildhauer Karl Albiker.

Am fußläufigen Durchgang zur Straße der Nationen steht heute der Saxonia-Brunnen, der einst auf dem Roßmarkt platziert war. 1893 war der Brunnen auf Initiative des örtlichen Verschönerungsvereins errichtet worden. Die Allegorie der gekrönten Saxonia wie auch die Spinnerin und der Schmied als Symbole der wichtigsten Wirtschaftszweige der Stadt stammten vom Dresdener Bildhauer Bruno Fischer, andere skulpturale Elemente von Albert Ohlendieck. Die bronzenen Figuren waren im Zweiten Weltkrieg eingeschmolzen worden, die Teile des Granitsockels wurden aber wiedergefunden. 2011 übernahm ein privater Bauunternehmer die Rekonstruktion in Anlehnung an die ursprüngliche Gestalt am neuen Standort.

Saxonia-Brunnen

[11] Park der Opfer des Faschismus

Auf der gegenüberliegenden Seite der Bahnhofstraße erstreckt sich ein Park, der aus dem am Ende des 19. Jahrhunderts aufgegebenen Städtischen Friedhof hervorging. Nahe der Zschopauer Straße steht eine unscheinbare Kirche, die aber eine lange Geschichte hat. **St. Johannis** wurde vermutlich noch vor der Stadtgründung 1170 auf Veranlassung Kaiser Barbarossas errichtet. Im Laufe der Jahrhunderte wurde die Kirche mehrfach zerstört bzw. umgebaut, zuletzt 1976.

An der Ostseite des Parks erblickt man drei benachbarte Bauwerke, die fast zeitgleich entstanden, aber drei unterschiedliche architektonische Auffassungen verkörpern. Das **Agricola-Gymnasium** (Emil Ebert, 1929) ist mit der symmetrischen Gliederung noch dem Neoklassizismus verhaftet. Die acht Terrakottafiguren an der Fassade schuf Heinrich Brenner. Da zwei der Modelle Brenners jüdischer Abstammung waren, wurden die oberen Figuren im NS-Regime entfernt und erst 2000 durch Nachgüsse ersetzt. Die benachbarte **Industrieschule** (Friedrich Wagner-Poltrock, 1928) ist mit ihren Abwinklungen und ornamentalen Elementen ein Musterbeispiel für den architektonischen Expressionismus. Auch hier stammt die Fassadenfigur »Der gefesselte Deutsche« von Heinrich Brenner. Die **Wasserwerksverwaltung** (Fred Otto, 1927) schließlich ist

Friedrich I. (Barbarossa) 1122–1190, Kaiser. Zu den Lieblingsorten im Heiligen Römischen Reich Deutscher Nation, das ohne feste Hauptstadt funktionierte, gehörte für den legendären Kaiser Barbarossa Altenburg im heutigen Thüringen. Von dort trieb er die Ostexpansion voran. Die Johanniskirche wird in einer Urkunde von 1264 als staufische Königskirche bezeichnet. Da sich Friedrich zur vermutlichen Gründungszeit der Stadt 1170 in Altenburg aufhielt, ist es wahrscheinlich, dass er Einfluss auf die Stadtgründung nahe des Benediktinerklosters nahm. Für den Kaiser war dies ein wichtiger Vorposten zur Germanisierung der Erzgebirgsregion.

Industrieschule

Versteinerter Wald

schon den Prinzipien des Neuen Bauens verbunden. Obwohl die Fassade der Biegung des Straßenverlaufs folgt, entwarf Otto einen schnörkellosen Kubus.

Etwas versteckt steht im südlichen Abschnitt des Parks das Chemnitzer **Schauspielhaus**. Es entstand nach 1976, da der Vorgängerbau einem Brand zum Opfer gefallen war. Das Theater war schon zu DDR-Zeiten Sprungbrett für überregional bekannte Schauspieler wie Ulrich Mühe oder Corinna Harfouch. In der Nähe befindet sich die für den Park namensgebende **Gedenkstätte für die Opfer des Faschismus**.

[12] Kulturbetrieb Das TIETZ

Mo–Fr 8.30–19 Uhr, Sa 9.30–18 Uhr, So 9.45–18 Uhr, ***Museum für Naturkunde*** *Mo/Di/Do/Fr 9–17 Uhr, Sa/So 10–18 Uhr,* ***Neue Sächsische Galerie*** *Do–Mo 11–17 Uhr, Di 11–19 Uhr*

Hinter der Einmündung der Zschopauer Straße in die Bahnhofstraße steht ein weiterer Kaufhausbau, der wie das Schocken eine kulturelle Umnutzung erfahren hat. Für den Konzern H. & C. Tietz, später Hertie, hatte Wilhelm Kreis 1913 das erste Chemnitzer Großkaufhaus mit 60 Fachabteilungen und einem beeindruckenden Lichthof erbaut. Nach schweren Kriegsschäden

wurde es 1963 als Centrum-Warenhaus wiedereröffnet, von 1991 bis 2001 gehörte es der Kaufhof AG. Nach deren Auszug begann der Umbau zu einem kommunalen Kulturbetrieb. Seit 2004 ist Das TIETZ Sitz der Volkshochschule, der Stadtbibliothek und des Museums für Naturkunde.

Das Museum für Naturkunde verfügt über einige Schätze von überregionaler Strahlkraft. An erster Stelle steht dabei der Versteinerte Wald. Seit dem Umzug des Museums für Naturkunde in Das TIETZ gibt es eine großzügige Präsentation der außergewöhnlichen Fossilien im Lichthof, im zeitgemäß gestalteten Museum selbst sind auch Insekten und andere Relikte der Naturkatastrophe infolge des Vulkanausbruchs zu sehen.

Die Neue Sächsische Galerie als Partner des Kulturbetriebes ist eigentlich ein Museum mit eigenen Sammlungsbeständen zur Bildenden und Angewandten Kunst des Freistaates nach 1945. In den Sonderausstellungen werden aber auch nichtsächsische Künstler vorgestellt.

Der Versteinerte Wald
Vor 291 Millionen Jahren, in der erdgeschichtlichen Periode des Unteren Perms, brach an der Stelle des heutigen Zeisigwaldes am Ostrand der Stadt ein Vulkan aus und bedeckte die Wälder mit einer konservierenden Ascheschicht. 1737 wurden erste verkieselte Stämme ausgegraben. Johann Traugott Sterzel, erster Direktor des König-Albert-Museums, machte sich im späten 19. Jahrhundert um die wissenschaftliche Aufarbeitung der Funde verdient. Der erste Aufstellungsort einiger Stämme am Museum wurde deshalb als »Sterzeleanum« bezeichnet.

[13] Neumarkt

Das Stadtzentrum von Chemnitz war nach den schweren Zerstörungen am 5. März 1945 in der DDR-Zeit zum Teil mit funktionalen Großbauten und einer über-

Galerie Roter Turm

dimensionierten Zentralhaltestelle überformt worden – trotzdem blieb diese Neustrukturierung fragmentarisch, riesige Freiflächen verlangten nach einer Verdichtung. Erst um die Jahrtausendwende erfolgte der Durchbruch. Interessant ist, dass sich hier eine Auseinandersetzung über zeitgemäße architektonische Herangehensweisen vom Potsdamer Platz in Berlin mit personeller Identität wiederholte. Der deutsch-amerikanische Architekt Helmut Jahn schuf mit der gläsernen Galeria Kaufhof, 2001 fertiggestellt, wie beim Berliner Sony-Center ein betont modernistisches Bauwerk. Auffälligstes Merkmal ist das riesige abgewinkelte Flugdach. Das Einkaufszentrum Galerie Roter Turm gleich nebenan stammt, zumindest was die Fassaden betrifft, von Hans Kollhoff. Wie beim Berliner Bahn-Hochhaus zelebriert er hier einen postmodernen Historismus. Auch für den dritten Neubau am Platz, das lichtdurchflutete Kaufhaus von Peek & Cloppenburg, zeichnet ein bekannter Name der heutigen Architekturszene verantwortlich – Christoph Ingenhoven, der »Stuttgart 21« konzipiert hat.

Zur Einkehr bietet sich das »Turm-Brauhaus« an (Mo–Do 11–24 Uhr, Fr–Sa 11–1 Uhr, So 9–23 Uhr). Außer gutbürgerlicher Küche ist hier Bier zu genießen, dem man beim Reifen in Kupferkesseln zusehen kann.

Clara Mosch
Was wie ein Frauenname klingt, ist ein Akronym aus den Familiennamen der Künstler Carlfriedrich Claus, Thomas Ranft, Dagmar Ranft-Schinke, Michael Morgner und Torsten Schade (später Kozik). 1977 gründeten sie die Künstlergruppe und eine Galerie im Stadtteil Adelsberg. Da dies ohne Genehmigung geschah, wurde die Galerie auf Betreiben der Staatsorgane bald wieder geschlossen, auch die Gruppe löste sich 1982 auf, fand aber in der genossenschaftlich betriebenen Galerie »Oben« eine neue Plattform. Clara Mosch hat über Nacht das bis dahin in der Bildenden Kunst unscheinbare Karl-Marx-Stadt/Chemnitz zu einem bedeutenden Standort der Szene gemacht.

[14] Roter Turm

In der Fußgängerzone hinter der Galerie Roter Turm steht das für das Einkaufszentrum namensgebende letzte Relikt der einst sehr starken Chemnitzer Stadtbefestigung. Das wegen des Mauerwerks aus Porphyr und dem Obergeschoss aus Ziegeln als Roter Turm bezeichnete Bauwerk ist sogar älter als der Mauerring und hat wohl schon vor der Stadtgründung um 1170 als Bestandteil einer kleinen Burg existiert. Der Aufsatz mit den spitzbogigen Nischen stammt aus dem 15. Jahrhundert, das Kielbogendach wurde 1555 aufgesetzt. Gemeinsam mit den nicht mehr vorhandenen Anbauten diente der Turm als Amtsfronfeste und wurde noch bis ins 19. Jahrhundert als Gefängnis genutzt.

Die Chemnitzer beeilten sich, nach der 1807 erteilten Erlaubnis die Befestigungsanlagen abzureißen und die Gräben zuzuschütten. Doch der entstandene begrünte Promenadenring war nicht von langer Dauer. Bald schon wurde er als Bauland für die expandierende Stadt genutzt.

Paulus Niavis
1460–1517, Gelehrter. Paul Schneevogel, der seinen Namen latinisierte, stammte aus dem böhmischen Eger, studierte in Ingolstadt und Leipzig. Er leitete die Chemnitzer Lateinschule, die sich an der Stelle des heutigen Neuen Rathauses befand, und erwarb sich als Reformator des Schulwesens bedeutende Verdienste, vor allem durch sein dialogisch aufgebautes Lehrbuch »Dialogus parvulis scholaribus ad latinum idioma perutilissimus«, mit dem er das sture Auswendiglernen bekämpfte. Von besonderer Bedeutung ist auch sein um 1495 erschienenes Werk »Iudicium Iovis«, das sich erstmals literarisch mit dem Bergbau im Erzgebirge auseinandersetzt.

[15] Neues Rathaus

Tourist-Information *Mo–Fr 9–18 Uhr, Sa 9–16 Uhr, www.chemnitz-tourismus.de*

Als das »sächsische Manchester« ab Mitte des 19. Jahrhunderts immer schneller wuchs und sich damit auch die Aufgaben der Verwaltung vervielfältigten, versuchte man diverse provisorische Lösungen. Zu Beginn des 20. Jahrhunderts wurde ein Rathaus-Neubau aber unvermeidlich. Für Richard Möbius, Chef des gerade erst geschaffenen Amtes für Hochbau, war das eine reizvolle Aufgabe. 1911 wurde der zugleich funktionale und repräsentative Bau im Beisein des sächsischen Königs eingeweiht.

Deutlich von außen ablesbar sind der Trakt für den damaligen Stadtrat an der Ecke zum Markt und der große Saal der Stadtverordneten im Zentrum. Neben dem Turm mit dem Glockenwerk wurde der »Fürstenbalkon« für das Staatsoberhaupt eingefügt. Als Gegenstück und Symbol städtischer Souveränität hat Chemnitz seit dem Rathausbau einen Roland an der Gebäudeecke, geschaffen vom Dresdener Bildhauer Alexander Höfer. An den reichhaltig geschmückten Fassaden finden sich diverse Zitate anderer lokaler Bauwerke, z.B. des früher an dieser Stelle stehenden Gewandhauses, und mit der Tür des ehemaligen Lyze-

ums auch eine Spolie. Die Eckfigur des Hl. Jakobus an der Rückseite wurde ebenfalls von Höfer geschaffen.

Das Innere des Rathauses ist mit zahlreichen Kunstwerken ausgestattet. Dazu gehören der Brunnen in der Eingangshalle von Richard König und das von Paul Perks ausgemalte Gewölbe im zweiten Obergeschoss. Wichtigste Arbeit ist aber das Monumentalgemälde »Arbeit – Wohlstand – Schönheit« von Max Klinger im großen Ratssaal.

Der im Sinne des Historismus üppig dekorierte Ratskeller (Mo–So 11–24 Uhr) bietet sächsische Küche an. In der Galerie Schmidt-Rottluff kann man neben Kunstwerken auch regionales Kunsthandwerk erwerben.

Rolandsfigur

[16] Altes Rathaus und Hoher Turm

***Glockenspiel** tägl. 11, 16 und 19 Uhr*

Nachdem hölzerne Vorgängerbauten mehrfach bei Stadtbränden in Mitleidenschaft gezogen worden waren, baute man 1496/98 – in einer Zeit der wirtschaftlichen Blüte – ein steinernes Rathaus unter Einbeziehung des schon ein halbes Jahrhundert zuvor errichteten Uhrturmes. In der Architektur verbinden sich gotische Elemente mit Formen der Renaissance. Das Rathaus wurde später mehrfach umgebaut und nach schweren Kriegsschäden bis 1950 saniert und um ein Stockwerk erhöht.

Der Hohe Turm scheint zum Rathaus-Ensemble zu gehören, ist aber älter und war schon im 12. Jahrhundert ein Teil der Befestigungsanlagen. Der obere Abschnitt mit der barocken Haube wurde 1746 von Johann Gottlieb Ohndorff entworfen. Bereits seit dem 14. Jahrhundert dient das Bauwerk auch als Glockenturm der benachbarten turmlosen Jakobikirche. Bis 2007 gab es eine Dienstwohnung des Chemnitzer Türmers. Führungen können bei der im Neuen Rathaus ansässigen Tourist-Information gebucht werden.

Das seit dem Wiederaufbau an der Frontseite des Rathausturmes platzierte Judith-Lucrezia-Portal mit den Halbfiguren der zwei legendären antiken Frauen stammt eigentlich vom einst gegenüber gelegenen Hotel »Römischer Kaiser«. Im Wappenschild erkennt man die Zahl 1559. Bereits 1937 wurde ein figürliches Glockenspiel in den Turm eingefügt, das den Kriegszerstörungen zum Opfer fiel. Auf Initiative eines Vereins entstand

***Georgius Agricola** 1494–1555, Gelehrter und Politiker. Georg Bauer, der seinen Namen im Sinne des Renaissance-Humanismus latinisierte, wurde in Glauchau geboren. Er studierte in Leipzig, Bologna und Padua, kehrte dann nach Chemnitz zurück, wo er schon die Lateinschule besucht hatte. Nach einer Anstellung als Arzt im böhmischen St. Joachimsthal wurde Agricola 1531 Stadtarzt in Chemnitz und bekleidete hier mehrfach das Amt des Bürgermeisters, obwohl er auch nach Einführung der Reformation (1539) Katholik blieb. Berühmt wurde er vor allem durch sein Werk »De re metallica«, mit dem er zum Begründer der modernen Bergbauwissenschaft wurde.*

2002 ein neues Glockenspiel. Den Wettbewerb für die Figuren, typische Epochen der Stadtgeschichte darstellend, gewann der Plauener Bildhauer Johannes Schulze.

In der Eingangshalle des Alten Rathauses, das heute unter anderem das Standesamt beherbergt, steht der 1912 von Max Klinger geschaffene Nymphenbrunnen. An den berühmtesten Chemnitzer Bürgermeister Georgius Agricola erinnert eine Gedenktafel an der Ecke zur Inneren Klosterstraße.

[17] St. Jakobi

Di–Do 11–18 Uhr, Fr–Mo 11–15 Uhr

Ein Vorgängerbau der Marktkirche entstand wahrscheinlich gleich nach der Stadtgründung um 1170. Nach einem Stadtbrand wurde ab 1357 die gotische Kirche mit dreischiffigem Langhaus errichtet. Im Westen wurde ein »Paradies« genannter offener Durchgang angefügt. Der hochgotische Hallenchor konnte 1412 geweiht werden. Sein Innenraum mit Sternrippengewölbe wird von einem Umgang mit Kreuzrippengewölbe umgeben. Der Maßwerkfries der Wandflächen ist farbig gefasst und teilweise vergoldet.

Die Kirche wurde im Laufe der Jahrhunderte vielfach überformt. Die heutige Gestalt ist nach der weit-

*1539 wurde die **Reformation** in Chemnitz eingeführt und mit dem Pfarrer in St. Jakobi eine Superintendentur verbunden. 1540 wurden die noch bestehenden Klöster aufgehoben. Im Unterschied zum Benediktinerkloster auf dem Berg, das eine Umnutzung zum Schloss erfuhr, wurde das innerstädtische Franziskanerkloster ganz abgerissen. Die Bevölkerung der Stadt ist seitdem überwiegend evangelisch. Erst im frühen 19. Jahrhundert erhielt Chemnitz wieder eine katholische Kirche. Nach deren Zerstörung 1945 erfolgte ein Neubau auf dem Kaßberg, wo es auch Kirchen der Altlutheraner und Methodisten gibt.*

Links: Altes Rathaus
Unten: St. Jakobi

gehenden Zerstörung 1945 eine Rekonstruktion des Umbaus von 1912 nach Plänen des Dresdener Architekten Julius Graebner. Er hatte dem Westwerk mit dem »Paradies« wie auch der vergrößerten Sakristei eine neue Gestaltung in einem verhaltenen Historismus gegeben. Die vier Evangelisten-Statuen, im späten 19. Jahrhundert von Anton Theodor Händler geschaffen, erhielten einen Standort am Chor; heute befinden sie sich aus konservatorischen Gründen im Innenraum. Ungewöhnlich ist, dass an der Westfassade außer einer Christusstatue mit Kaufmann, Gelehrtem, Arbeiter und Bürgersfrau auch profane Figuren an einer Kirche aufgestellt wurden.

Das einstmals wertvollste Kunstwerk von St. Jakobi, das um 1490 geschnitzte Heilige Grab, ist heute im Schlossbergmuseum (siehe S. 40) ausgestellt. Der 1504 geschaffene Flügelaltar der Kirche stammt eigentlich aus St. Johannis. Dessen Kreuzigungsgruppe stammt vom Zwickauer Bildschnitzer Peter Breuer, die Malereien sind von Hans Hesse, dem Meister des berühmten Annaberger Bergaltars.

[18] Siegertsches Haus

*Die vier **Siegert-Brüder** stammen aus einer Annaberger Textilhändler-Familie und ließen sich in den 1730er Jahren in Chemnitz nieder. Sie erwarben sowohl das Gut Rabenstein als auch das Schlossvorwerk. Der Schlossberg und seine Umgebung wurden zum Hauptschauplatz ihrer wirtschaftlichen Aktivitäten, mit denen sie sich rücksichtslos über Zunftgesetze und tradierte Privilegien hinwegsetzten und so zu Pionieren des Kapitalismus in der Region wurden. Als Ausdruck ihres Aufstiegs ließen sie sich repräsentative Häuser am Markt bauen.*

Die heute einzige Barockfassade am Markt ist als Siegertsches Haus bekannt. Die Gebrüder Siegert hatten sich 1737/41 vom Dresdener Baudirektor Johann Christoph von Naumann an der westlichen Platzseite mehrere Häuser bauen lassen. Nach Kriegszerstörungen wurde die einzige erhaltene Fassade bis 1954 rekonstruiert und in einen neuen Gebäudekomplex integriert. 2003 erfolgte eine weitere Sanierung mit Wiederherstellung des ursprünglichen Farbkonzeptes. Das Giebeldreieck ist mit zwei Kartuschen verziert, die das Familienwappen und die Initialen Johann Christoph Siegerts tragen. Die Sandsteinfiguren über dem Giebel stammen von dem Chemnitzer Bildhauer Johann D. Klöß.

Die Innere Klosterstraße lädt als kleine Fußgängerpromenade zum Einkaufsbummel und zu gastronomischen Genüssen ein. Die westliche Häuserzeile mit den Satteldächern wurde 1955 erbaut, während die gegenüberliegende sogenannte Mittelstandsmeile 2001/04 entstand. Zu den beliebtesten Gaststätten gehören das »henrics« und das »Brasil« am nördlichen Ende der Straße. Hier steht auch eine Gruppe von bronzenen Pinguinen, geschaffen von Peter Kallfels.

MODE

[19] Rosenhof

Das sogenannte Türmer-Haus (Markt 19) mit der dynamisch geschwungenen Fassade wurde 2001 vom Dresdner Büro nps und partner errichtet. So wie die zeitgleich gebauten Rosenhof-Arkaden, von Gesine Weinmiller entworfen, markiert das Bauwerk den neuen Zugang zum Rosenhof. Diese Fußgängerzone stellt den Abschluss des am Busbahnhof beginnenden »sozialistischen Boulevards« der Straße der Nationen dar. 1967 konnte das Rosenhof-Ensemble mit seinen Springbrunnen, Sitzbänken und Blumenrabatten fertiggestellt werden. Zu den gestalterischen Elementen gehört auch die in den Boden eingelassene Windrose von Gerhard Klampäckel.

Hinter der nordwestlichen Bebauung des Rosenhofes findet man einen kleinen Platz, der seinen historischen Namen Getreidemarkt bewahren konnte. Hier steht ein Bauwerk, das 1929 von Friedrich Wagner-Poltrock als Umspannwerk für die Straßenbahn errichtet wurde und seit wenigen Jahren als Jugendherberge dient. Der Architekt hatte sich nach seinen expressionistischen Anfängen wie bei der Industrieschule zu einem der wichtigsten Protagonisten des Neuen Bauens in Chemnitz entwickelt. Zu den herausragenden Beispielen der Klassischen Moderne in Chemnitz zählt die von ihm gestaltete Diesterwegschule im Vorort Gablenz.

Georg Baumgarten
1837–1884, Förster und Erfinder. Der Sohn einer Beamtenfamilie studierte in Tharandt Forstwissenschaften und arbeitete danach als Förster, ab den 1880er Jahren im heute zu Chemnitz gehörenden Ort Grüna. Dort begann er mit gasgefüllten Luftschiffmodellen zu experimentieren. 1875 gelang ein erster unbemannter Aufstieg. Am 31. Juli 1879 stieg in Grüna das erste lenkbare Luftschiff auf, 1880 folgten in Leipzig-Plagwitz weitere Aufstiege. Seine Versuche stießen bei den Vorgesetzten aber auf Unverständnis. Er verlor seine Stelle und starb in der Psychiatrie. Im Folklorehof Grüna erinnert eine kleine Ausstellung an den verkannten Erfinder.

[20] Museum Gunzenhauser

Di–So 11–18 Uhr

Die Ringstraße hinter dem Rosenhof folgt dem Verlauf des im frühen 19. Jahrhundert geschleiften Mauerringes. Unmittelbar dahinter strömt der Fluss, welcher der Stadt den Namen gab. Das sorbische Wort »Kamenica« bedeutet Steinbach. Am Falkeplatz steht seit 1925 die von Erich Basarke in einer Spielart des Neoklassizismus entworfene Deutsche Bank. Der zu Beginn des 20. Jahrhunderts unterirdisch verlegte Fluss ist hier wieder ans Licht geholt und in eine parkartige Umgebung eingefügt worden.

Seit 2007 besitzt Chemnitz ein neues attraktives Kunstmuseum. Mehrere Städte hatten sich zuvor darum bemüht, die hochkarätige Kollektion des bayerischen Sammlers Alfred Gunzenhauser (1926–2015) dauerhaft ausstellen zu können.

Das 1930 eingeweihte Gebäude am Beginn der Stollberger Straße war vom damaligen Stadtbaurat Fred Otto für die Sparkasse entworfen worden. Es gehört zu den herausragenden Beispielen für das Neue Bauen. Trotz der klaren Konturen und des rationalistischen Verzichts auf dekorative Elemente wirkt es nicht unterkühlt. Otto erreichte durch die zweifarbige Verkleidung der Fassaden mit Travertin, abgewinkelte Bau-

Fred Otto
1883–1944, Architekt. Otto machte eine Maurerlehre und studierte in Dresden Architektur. Nach dem Einsatz im Ersten Weltkrieg wurde er 1920 bei der Chemnitzer Baupolizei angestellt. Mit der Pensionierung von Stadtbaurat Möbius kam er ohne Ausschreibung in dieses Amt. Nach frühen Entwürfen im konservativen Heimatstil entwickelte er sich schnell zu einem herausragenden Vertreter des Neuen Bauens. Stadtbad, Sanatorium im Zeisigwald und Sparkasse gehören zu seinen wichtigsten Arbeiten in Chemnitz; das Projekt einer Großmarkthalle scheiterte in der Weltwirtschaftskrise. Er blieb nach 1933 im Amt und passte sich an.

Neue Synagoge an der Stollberger Straße

fluchten und Variantenreichtum bei den Fensterformen eine lebendige Erscheinung. Für die museale Nutzung wurde das Haus durch den Berliner Architekten Volker Staab umgebaut. Einzige äußere Veränderung sind die Bildkästen in einigen Fenstern. Im Inneren zog er eine großzügige Treppenanlage ein.

Das Museum Gunzenhauser, die jüngste Einrichtung der Kunstsammlungen Chemnitz, umfasst etwa 2400 Werke. Der Schwerpunkt liegt auf Spielarten der Klassischen Moderne, doch auch Kunst der Zeit nach 1945 ist vertreten. Besonders wertvoll ist der Bestand an Gemälden und Grafiken von Otto Dix mit 380 Exponaten. Da nur ein Teil der Arbeiten gezeigt werden kann, gibt es einen jährlichen Wechsel der Ausstellung.

Geht man die Stollberger Straße etwa 300 Meter bergauf, kommt man zur neuen, 2002 geweihten Chemnitzer Synagoge. 1899 war die neoromanische Synagoge auf dem Kaßberg, dem Zentrum jüdischen Lebens in Chemnitz, eingeweiht worden. Sie wurde in der Pogromnacht 1938 zerstört und nach 1945 nur durch ein Provisorium an der Stollberger Straße ersetzt. Als nach 1990 die jüdische Gemeinde durch Zuzug aus der früheren Sowjetunion schnell anwuchs, war ein Neubau nötig. Der Frankfurter Architekt Alfred Jacoby schuf ein markantes Gebäude mit dem zentralen Sakralraum als umgekehrter Kegelstumpf und angegliedertem Gemeindezentrum.

Ausstellungsraum im Museum Gunzenhauser

II. Vom Kaßberg zum Schlossberg

Heinrich-Beck-Straße 20/22

[21] Kaßberg

Woher der Name Kaßberg kommt, ist unter Fachleuten umstritten. Die Besiedlung des zuvor landwirtschaftlich genutzten Hügels begann erst in der Mitte des 19. Jahrhunderts. Ab der Gründerzeit wurde er zum bevorzugen Wohngebiet des Chemnitzer Bürgertums. Viele Unternehmer wohnten auf dem Kaßberg, aber auch Intellektuelle wie Stefan Heym, Stephan Hermlin oder Lothar-Günther Buchheim sind hier aufgewachsen. Eine Vielzahl von Häusern von Historismus und Jugendstil bis zu Beispielen der Klassischen Moderne hat sich erhalten. Die Synagoge an der Reichsstraße wurde allerdings ein Opfer der nationalsozialistischen Pogromnacht 1938. Auch der Krieg riss einige Lücken, die zum Teil durch genossenschaftliche Typenbauten gefüllt wurden. Es lohnt sich, das interessante Wohnviertel auf eigene Faust zu erkunden.

Unmittelbar über den Hang verläuft die Hohe Straße, an der die Erschließung des Hügels begann. Anstelle des 1855 erbauten ersten Wohnhauses auf dem Kaßberg, das sein Bauherr theatralisch mit »Ich hab's gewagt!« beschriften ließ, steht seit 1929 der sachliche Klinkerbau des Gerichtes. Daneben sieht man das heute nach Karl Schmidt-Rottluff benannte frühere Kö-

Marianne Brandt
1893–1983, Künstlerin. Marianne Liebe wuchs in einem bürgerlichen Elternhaus auf. Sie studierte in Weimar Kunst und heiratete den Norweger Erik Brandt. 1923 begann sie nochmals am Bauhaus zu studieren, zuerst in Weimar, dann Dessau, war dann zeitweise Leiterin der Metallwerkstätten. Berühmt wurden ihre Teekännchen und Aschenbecher, doch sie entwarf auch für die Großserie. Nach 1933 malte sie nur noch im Chemnitzer Elternhaus. Ein neuer Versuch als Dozentin an der Hochschule Weißensee endete 1954 wegen staatlicher Repressalien. In der Heinrich-Beck-Straße 22 befindet sich eine kleine Brandt-Ausstellung (tägl. 9–19 Uhr).

Lothar-Günther Buchheim
1918–2007, Schriftsteller, Künstler und Sammler. Buchheim wurde in Weimar geboren und lebte ab 1930 in Chemnitz. Ab 1939 studierte er in Dresden und München Kunst und war bei den »Großen Deutschen Kunstausstellungen« präsent. Er diente ab 1940 als Kriegsfreiwilliger bei der Marine. Diese Erfahrungen verarbeitete Buchheim in dem erfolgreich verfilmten Roman »Das Boot« (1973/ Film 1981). Außerdem sammelte er Kunst und Kuriositäten. In den 1990er Jahren gab es Pläne, auf dem Kaßberg sein »Museum der Phantasie« anzusiedeln. Dieses wurde jedoch 2001 am Starnberger See realisiert.

nigliche Gymnasium in Formen der Neorenaissance. Im Steilhang gibt es seit dem Mittelalter mehrere Kellergänge, die vor allem zur Lagerung von Bier dienten. Die Flussaue hatte aber seit dem 14. Jahrhundert eine noch wichtigere wirtschaftliche Rolle: 1357 hatten vier Chemnitzer Bürger ein landesherrliches Bleichprivileg bekommen. In der Folge entstanden auf den Wiesen am Fluss große Bleichflächen für die in Heimarbeit hergestellte Leinwand. Das Gewerbe bildete die Grundlage für den späteren Aufstieg von Chemnitz zur führenden Industriestadt Sachsens.

[22] Markthalle

Am Ufer führt die Fabrikstraße entlang. Man unterquert die geschwungene Kaßbergauffahrt, die seit 1870 auf den Berg führt, und kommt zur Bierbrücke. Der Name verweist auf die frühere Funktion der Kaßbergkeller. Die Markthalle wurde 1891 als Stahlkonstruktion auf trapezförmigem Grundriss errichtet. Das interessante Bauwerk mit der Kuppel, bei dessen Gestaltung man sich am Pariser Vorbild orientierte, wurde 1995 nach gründlicher Sanierung wiedereröffnet. Die Markthalle diente einige Jahre erneut dem kleinteiligen Einzelhandel; heute sind medizinische und andere gewerbliche Nutzer die Hauptmieter.

[23] Hotel Kongress und Stadthalle

Zurück im Zentrum, verläuft der Stadtrundgang entlang der Theaterstraße. Der Name erinnert an das alte Schauspielhaus, das im Zweiten Weltkrieg zerstört wurde. Bald erblickt man das mit 93 Metern höchste Gebäude der Stadt. Das »Hotel Kongress« wurde im Komplex mit der Stadthalle von Rudolf Weißer entworfen und 1969–1974 in Sichtbeton gebaut. In den 1990er Jahren erhielt es bei der Generalsanierung die jetzige Verkleidung mit Aluminiumplatten. Das weitere Schicksal des Hauses ist ungewiss. Es wird über einen Neubau nachgedacht, da sich die Raumstruktur aufgrund der tragenden Wände nicht entsprechend heutiger Anforderungen an ein zeitgemäßes Hotel verändern lässt.

Die in einen kleinen, mit diversen Plastiken verzierten Park eingebettete Stadthalle mit zwei Sälen und gastronomischen Einrichtungen hat einen auf einem Dreieckraster beruhenden Grundriss. Vor allem der große Saal kann flexibel umgestaltet werden und unterschiedlichsten Veranstaltungen dienen. Das Äußere ist zum Teil mit den für Chemnitz typischen Porphyr-Platten verkleidet, zum Teil durch abstrakte Betonelemente strukturiert. Zu den wichtigsten Kunstwerken im Inneren gehört Fritz Cremers Galileo-Galilei-Plastik.

Stefan Heym
1913–2001, Schriftsteller. Der weltbekannte Schriftsteller hieß eigentlich Helmut Flieg und wuchs in einem bürgerlichen jüdischen Elternhaus auf dem Kaßberg auf. Wegen eines antimilitaristischen Gedichtes wurde er 1931 vom Gymnasium relegiert und verließ die Stadt. 1935 emigrierte er in die USA, ging 1953 in die DDR. Er eckte immer wieder an, wurde zensiert. Dennoch war er 1994/95 Bundestagsabgeordneter der SED-Nachfolgepartei PDS. Chemnitz vergibt seit 2008 einen Stefan-Heym-Preis an Schriftsteller. Zu seinen bekanntesten Romanen gehören »Der König David Bericht«, »Ahasver« und »Schwarzenberg«.

[24] Marx-Forum

Auf der gegenüberliegenden Seite der Brückenstraße sieht man das zum neuen Wahrzeichen der Stadt gewordene Marx-Monument, häufig auch als »Nischl« – das sächsische Wort für »Kopf« – bezeichnet. Auf Anweisung der Partei- und Staatsführung wurde Chemnitz am 10. Mai 1953 mit einem Staatsakt und einer angeordneten Massendemonstration, bei der Ministerpräsident Otto Grotewohl sprach, in Karl-Marx-Stadt umbenannt, obwohl der Philosoph und Ökonom niemals hier gewesen ist. Der Grund für die Auswahl der propagandistischen Namensgebung lag darin, dass Chemnitz der bedeutendste Industriestandort der wenige Jahre zuvor gegründeten DDR war und die Arbeiterbewegung in Sachsen starke Traditionen hatte. Wegen der einheimischen Mundart, einer Mischung von Sächsisch und Erzgebirgisch, wurde über »die Stadt mit den drei O«, also »Korl-Morx-Schdodt«, gewitzelt. Nach einer Befragung der Einwohner erfolgte 1990 die Rückbenennung.

Ein Denkmal für Karl Marx und Friedrich Engels gab es bereits im Park der Opfer des Faschismus, doch mit der Neukonzeption des Zentrums in den 1960er Jahren wurde ein repräsentativer Ausdruck des neuen Stadtnamens für notwendig erachtet. Den Auftrag erhielt der Moskauer Bildhauer Lew Kerbel. Die Bronzeplastik ist 7,10 Meter hoch und steht auf einem Sockel, der mit ukrainischem Granit verkleidet ist. In mehreren Sprachen kann man an der dahinter befindlichen Schriftwand das berühmte Motto des »Manifests der kommunistischen Partei« lesen: »Proletarier aller Länder, vereinigt euch!« 1971 wurde das Marx-Forum eingeweiht.

Im Herbst 1989 fanden hier Demonstrationen gegen die SED-Herrschaft statt. 1990 gab es Bestrebungen, das Denkmal so wie viele andere in der ehemaligen DDR zu beseitigen. Zunächst scheiterte das an den technischen Voraussetzungen. Später arrangierte man sich aber mit dem Erbe, einige Jahre warb Chemnitz sogar mit dem Slogan »Stadt mit Köpfchen«. Heute ist das Marx-Forum ein beliebter Treff von jugendlichen Skatern. Mehrfach wurde das Monument auch zum Objekt künstlerischer Interventionen.

Das langgestreckte Gebäude dahinter war früher die Bezirksleitung der Organe von SED und staatlicher Verwaltung, wegen der doppelten Abwinkelung auch als »Parteisäge« bekannt. Die überdimensionierte

Chemnitz im Zweiten Weltkrieg
Gerade weil in Chemnitz SPD und KPD noch bei den Wahlen im März 1933 mehr Stimmen als die NSDAP hatten, erfolgte hier die »Gleichschaltung« besonders gnadenlos, ebenso die Verfolgung der Juden. Mit Beginn des Krieges wurde Chemnitz zu einem bedeutenden Standort der Rüstungsproduktion unter Ausnutzung vieler Zwangsarbeiter. Ab 1940 gab es erste Luftangriffe. 1944 wurden mehrere Betriebe getroffen. Verheerend und flächendeckend war aber der Angriff am 5. März 1945. Rund 3700 Menschen starben, die Innenstadt wurde zur Trümmerwüste, zu ca. 80 Prozent zerstört. Amerikanische Truppen hatten Mitte April 1945 Vororte erreicht, die Übergabe der Stadt erfolgte aber am 8. Mai an einen sowjetischen Stadtkommandanten.

Fritz Heckert
1884–1936, Politiker. Heckert war Maurer und lernte auf seiner Wanderschaft in der Schweiz 1912 Lenin kennen. Er gehörte ab 1902 der SPD an, später der USPD und dem Spartakusbund. Während der Novemberrevolution war er im Chemnitzer Arbeiter- und Soldatenrat einer der Vorsitzenden. 1919 gründete er die örtliche KPD-Gruppe und wurde Abgeordneter der Chemnitzer Stadtverordnetenversammlung. Sein ebenfalls errungenes Reichstagsmandat gab er an Clara Zetkin ab. Er vertrat die KPD bei der Kommunistischen Internationale in Moskau und wurde 1933 von den Nazis ausgebürgert.

Brückenstraße diente früher unter dem Namen Karl-Marx-Allee als Aufmarschstrecke zum 1. Mai und zum 7. Oktober, dem Gründungstag der DDR. Die Ironie dabei ist, dass die Trasse in einer Sackgasse endet. Da der Block wie ein Riegel das Brühlviertel abschließt, wird seit Jahren über eine Umgestaltung diskutiert.

[25] Heck-Art-Haus

***Galerie** Mo–Mi 11–16 Uhr*

Am Beginn der Mühlenstraße steht ein Häuschen, das wie ein gerettetes Relikt der 1945 vernichteten Altstadt aussieht. Es ist allerdings eine Rekonstruktion des ursprünglich etwa 100 Meter weiter befindlichen und 1974 versehentlich abgerissenen Geburtshauses von Fritz Heckert. Heckert wurde in der DDR als bedeutender KPD-Funktionär hoch gefeiert, obgleich er 1936 unter mysteriösen Umständen im sowjetischen Exil ums Leben gekommen war. Nach Schließung der Gedenkstätte in den 1990er Jahren wurde das Haus, eine typische Arbeiterunterkunft des 19. Jahrhunderts, saniert. Heute bietet die Gaststätte »HeckArt« (Di–Sa 11–23 Uhr, So–Mo 11–22 Uhr) Gastronomie der gehobenen Art. Im Dachgeschoss betreibt der Verein Kunst für Chemnitz e.V. eine kleine Galerie.

[26] Stadtbad

Geht man die Mühlenstraße weiter, sieht man auf der linken Seite einen voluminösen Komplex. Das Stadtbad gehört zu den herausragenden Zeugnissen des Neuen Bauens in Chemnitz, die dem Slogan »Stadt der Moderne« seine Berechtigung geben. Wie das heutige Museum Gunzenhauser ist es ein Werk des Stadtbaurates Fred Otto. Der Bau auf dem Gelände der vormaligen Maschinenbaufabrik Zimmermann begann 1929, doch die Weltwirtschaftskrise erzwang einen Baustopp. Erst 1935 konnte der Komplex fertiggestellt werden und wurde als »größter und modernster Badbau Europas« gefeiert. Das Bauwerk zeichnet sich durch eine schnörkellose Gestaltung aus, wirkt durch die differenzierte Baumassengliederung trotzdem nicht monoton.

Otto ging bei der Konzeption neue Wege, beispielsweise verzichtete er auf getrennte Hallen für Männer und Frauen. Alle Räume sind ausgesprochen funktional durchdacht und übersichtlich. Die Tierplastiken am Fuß der vier Fahnenmasten schuf Bruno Ziegler. Die Bronzeplastik eines Paares von Harald Stephan wurde in den 1970er Jahren auf dem Vorplatz aufgestellt. An der Rückseite des Bades, von der Rochlitzer Straße aus, kann man noch besser erkennen, wie es Otto gelang, die große Baumasse durch eine differenzierte Untergliederung aufzulockern.

Sportstadt Chemnitz
Bereits in den 1920er Jahren war Chemnitz eine sportbegeisterte Stadt. Es gab Tennisklubs, Schwimmbäder und eine Eislaufbahn, 1938 wurde die Großkampfbahn eröffnet. Seit den Sechzigern ist die Stadt ein wichtiger Standort besonders für Eiskunstlauf, Leichtathletik, Radsport und Turnen. Legendär wurde die Eiskunstlauftrainerin Jutta Müller, die Gabriele Seyfert, Anett Pötzsch, Katarina Witt und weitere Sportlerinnen und Sportler zu WM-, EM- und Olympiamedaillen brachte. Zu ihren Nachfolgern gehört Ingo Steuer, der viele Jahre Aljona Savchenko und Robin Szolkowy trainierte.

Janssen-Fabrik

[27] Färberei Haase und Janssen-Fabrik

In der Rochlitzer Straße haben sich mehrere historische Fabrikgebäude erhalten, die in den letzten Jahren umgenutzt wurden. Besonders fällt der Klinkerbau der ehemaligen Färberei Haase mit dem achteckigen Wasserturm auf. Nach langem Leerstand begann 2013 die Sanierung, verbunden mit ergänzenden Neubauten. Theodor Haase hatte das Gelände, auf dem sich bereits eine Färberei befand, 1910 erworben. Die Fabrikantenvilla des Vorbesitzers stammt von 1820.

Seit 2015 überspannt hinter der Färberei eine geschwungene Fußgängerbrücke den Chemnitz-Fluss. Sie gilt als erste interaktive Wabenbrücke der Welt und wurde von Wissenschaftlern der TU Chemnitz aus Stahl und glasfaserverstärktem Kunststoff konstruiert. Durch eingebaute Sensoren lösen Passanten ein Lichtspiel aus LED-Lampen aus.

Wo die Straße einen Knick in Richtung Mühlenstraße macht, gibt es einen fußläufigen Durchgang zum Endstück der Brückenstraße. Hier führt eine weitere kleine Brücke über den Fluss, direkt zur früheren Trikotagenfirma William Janssen, 1894 errichtet. Die Brache wurde 1999 saniert. Es entstanden Wohnungen, Ateliers, Geschäfte und ein Restaurant, das heute so wie das gesamte Gebäude einfach »Janssen« heißt (Mo–Sa 11–24 Uhr).

Haase und Janssen sind Zeugnisse der großen ***Industriegeschichte*** *von Chemnitz. Bis zum Zweiten Weltkrieg zogen sich viele Fabrikanlagen bis ins unmittelbare Zentrum hinein. Der »Wald« von mehreren hundert Schornsteinen sorgte für eine ewige Rußwolke im Talkessel. »Sächsisches Manchester« war der eine von Stolz getragene Beiname der Stadt, »Rußchamtz« (Ruß-Chemnitz) der andere, der auf die Kehrseite der Prosperität verwies.*

[28] Schlossteichanlagen

Auf der anderen Flussseite durchquert man ein parkartiges Gelände und kommt bald am Schlossteich an. Er wurde Ende des 15. Jahrhunderts von den Mönchen des nahen Klosters für die Fischzucht angelegt. 1860 kaufte die Kommune den verlandenden Teich und das umgebende Gelände an. Bis 1870 wurde er zu einem Erholungsgebiet umgestaltet. Mit dem ausgehobenen Schlamm konnte eine Insel aufgeschüttet werden.

Die westliche Erweiterung der Parkanlagen erfolgte 1938 nach dem Abriss von Fabrikanlagen der in der Weltwirtschaftskrise bankrott gegangenen Maschinen- und Lokomotivenbaufirma Richard Hartmann Nachf., einst Sachsens größter Betrieb dieser Branche. Fred Otto entwarf die Springbrunnenanlage. Auch die sogenannten Schillingschen Figuren fanden hier einen neuen Platz. Die Skulpturengruppe »Vier Tageszeiten« hatte der Rietschel-Schüler Johannes Schilling 1871 für den Aufgang zur Brühlschen Terrasse in Dresden geschaffen. Als sie dort wegen Umweltschäden durch Bronzegüsse ersetzt wurden, bekam Chemnitz die Originale aus Sandstein geschenkt. Ihr erster Aufstellungsort war am Theaterplatz, wo sie dem »Chemnitzer Hof« weichen mussten. Bis heute ist der Schlossteich ein beliebter Ausflugsort: Man kann Boote ausleihen, im Café »Milchhäuschen« einkehren oder am Ufer entspannen.

Richard Hartmann
1809–1878, Unternehmer. Hartmann entstammte einer Handwerkerfamilie im Elsass und war gelernter Schmied. Auf seiner Wanderschaft kam er 1832 nach Chemnitz, wo er in Haubolds Firma, die als Begründer des Chemnitzer Maschinenbaus gilt, arbeitete. 1837 gründete er eine eigene Werkstatt. Er stellte zunächst Spinn- und Krempelmaschinen her, 1840 kamen Dampfmaschinen und 1848 Lokomotiven hinzu, später Werkzeugmaschinen. Die Firma wuchs zum größten sächsischen Unternehmen und prägte maßgeblich Chemnitz' weltweiten Ruf als Industriemetropole. In der Weltwirtschaftskrise ging die Firma bankrott und wurde liquidiert.

Am Horizont sieht man den Schornstein des Heizkraftwerkes, mit 302 Metern das höchste Bauwerk Sachsens. 2013 wurde er nach einem Konzept des französischen Künstlers Daniel Buren farbig angestrichen, vier Jahre später wurde auch die nächtliche Beleuchtung fertiggestellt. Damit gilt die Esse als höchstes Gesamtkunstwerk der Welt (siehe Umschlag).

[29] Schlosskirche

***Besichtigung** nach Anmeldung im Pfarramt unter Tel. 0371 36 95 50*

Vom Teichufer aus kann man zum Schlossberg aufsteigen. Auch wenn der Ort Schlosschemnitz erst 1880 zur angrenzenden Großstadt eingemeindet wurde, muss man das Gebiet doch als die Keimzelle von Chemnitz ansehen. 1136 hatten Benediktinermönche von Kaiser Lothar III. das Privileg erhalten, ein Kloster zu gründen – mehr als drei Jahrzehnte vor der Stadtgründung. Das Kloster St. Marien auf dem Berge lag in der Nähe eines »böhmischen Steiges«, eines unbefestigten Handelsweges zwischen Leipzig und Nordböhmen, der durch das damals »Miriquidi« (dunkler Wald) genannte Erzgebirge führte. Wegen dieser strategisch günstigen Position erteilte König Konrad III. 1143 das Marktprivileg für den »locus Kameniz«. Bis zur Stadtgründung um 1170 vergingen aber noch einige Jahre.

Von den romanischen Bauwerken, die nach einer Zerstörung des ersten Klosters durch böhmische Truppen 1212 entstanden, sind bemerkenswerte Reste erhalten. Eine Chornebenkapelle ist vom Innenraum der Kirche zugänglich, ihre Apsis wurde in den 1980er Jahren am östlichen Chorabschluss freigelegt.

Die Kirche in ihrer heutigen Gestalt ist im Wesentlichen ein Resultat der großzügigen Umgestaltungen, die Ende des 15. Jahrhunderts begannen. Abt Heinrich von Schleinitz konnte 1499 den hochgotischen Chor weihen. Turmunterbau und Langschiff wurden bis 1533 gebaut. Mit der Einführung der Reformation in Sachsen wurde das Kloster 1541 aufgehoben. Der letzte Abt Hilarius von Rehburg war schon während seiner Amtszeit als lebensfroher Mensch bekannt. Nach der Säkularisierung heiratete er die Tochter des Bürgermeisters und zog in die Innenstadt. Die Klostergebäude ließ Herzog Moritz, der 1547 die Kurwürde

Georg Fabricius
1516–1571, Gelehrter und Dichter. Fabricius latinisierte den Namen Goldschmidt, der den Beruf seines Vaters bezeichnete. Er besuchte die angesehene Chemnitzer Lateinschule, studierte dann in Wittenberg und Leipzig. In Chemnitz und Freiberg war Fabricius als Lehrer tätig. Bei Italienreisen erwachte seine Liebe zu antiken Altertümern und zur lateinischen Literatur, über die er mehrere Schriften publizierte. 1546 wurde Fabricius zum Rektor der Fürstenschule St. Afra in Meißen berufen, wo er bis an sein Lebensende blieb und auch eine Chronik der Stadt verfasste. Ab 1549 baute er die Klosterschule Roßleben auf. Kaiser Maximilian II. erhob ihn 1570 zum »poeta laureatus«.

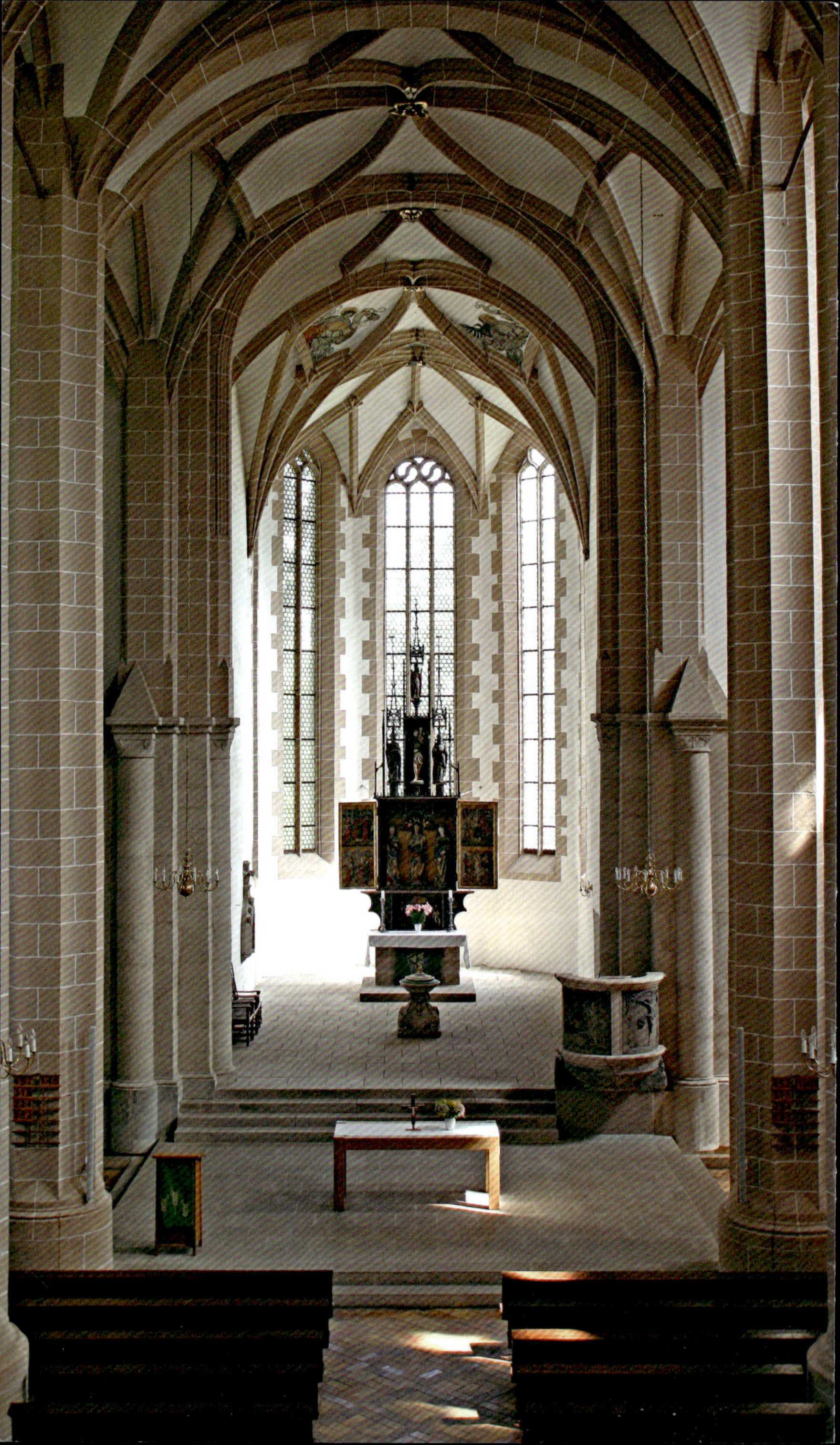

für die albertinische Linie der Wettiner erlangt hatte, zum landesherrlichen Schloss umbauen. Der Chor der Kirche wurde dafür horizontal unterteilt, im Obergeschoss befanden sich Wohnräume des Herrschers. Das Schloss wurde bis 1630 von den Kurfürsten genutzt, von Moritz als Sommerresidenz, von den späteren Kurfürsten als Jagdschloss. Anschließend war es zwar lange Zeit Sitz des Kreishauptmannes, verfiel aber zunehmend, Teile wurden abgebrochen. Auch die Kirche diente verschiedenen profanen Zwecken, war Lager, Stall, Kneipe und Lazarett.

Im 19. Jahrhundert setzte eine Rückbesinnung auf den Wert dieses mittelalterlichen Bauwerkes ein. Von 1867 bis 1875 erfolgte die Sanierung des unterdessen an die Kirchengemeinde Schlosschemnitz übertragenen Gotteshauses im Geiste des Historismus. Der Westturm mit spitzem Helm wurde 1897 fertiggestellt. Nach Artilleriebeschuss in den letzten Tagen des Zweiten Weltkrieges versah man den Turm mit einem flachen Abschluss. Bei erneuten Sanierungen in den 1950er Jahren und von 1973 bis 1996 entfernte man die historistischen Entstellungen und versuchte, den spätgotischen Zustand zu rekonstruieren.

Das Langhaus gehört zum Typus der in Sachsen während der Gotik verbreiteten Hallenkirche, hat also drei gleich hohe Schiffe. Das Schlingrippengewölbe wird von gekehlten Säulen getragen, die Schlusssteine sind dekorativ gestaltet. Der einstige Eingang war das Nordportal. Es wurde ab 1973 wegen Umweltschäden in den Innenraum versetzt. Es ist ein Meisterwerk von Franz Maidburg und des Meisters »HW«, der von vielen Experten mit Hans Witten gleichgesetzt wird. Wegen der naturalistischen Ausführung der tragenden Elemente wird es als Astwerkportal bezeichnet. Im Mittelpunkt des Portals steht Maria, die Patronin der Klosterkirche, in den unteren Nischen sieht man Figuren von Kaiser Lothar und seiner Gattin Richenza mit Architekturmodellen.

Von Hans Witten stammt die wohl um 1515 geschnitzte Geißelsäule, die früher in einem Saal des Klosters als tragende Säule diente. In drastischer Expressivität hat der Künstler den von drei Folterknechten gequälten Christus dargestellt. Der Altar im Chor stammt aus der Großenhainer Katharinenkirche und wurde 1499 geweiht. Im Chor sind mehrere bemerkenswerte Bildwerke aus der Cranachwerkstatt und ein Porträt des letzten Abtes zu bewundern.

Oben: Ehem. Nordportal
Links: Blick zum Altar der Schlosskirche

Heiliges Grab

[30] Schlossbergmuseum

Di–So 11–18 Uhr

Wie die Kirche sind auch die Reste des früheren Klosters durch die Umbauten unter Herzog Moritz zur landesherrlichen wettinischen Sommerresidenz ab 1548 geprägt. Allerdings gab es noch bis in die DDR-Zeit hinein Abbrüche von Gebäuden. Erhalten sind drei Flügel, die um den Kreuzgang angeordnet waren. Die Bezeichnungen Kleiner und Großer Renaissancesaal weisen noch auf die Zeit des Umbaus hin. Ende der 1920er Jahre ließ die Stadt den heruntergewirtschafteten Komplex für die Aufnahme der Sammlung des Geschichtsvereins herrichten, 1931 wurde das Museum eröffnet. Von 1979 bis 1995 fanden umfangreiche Sanierungsarbeiten statt, der Nordflügel wurde in zeitgemäßer Architektur als Eingangstrakt ergänzt. Ebenso kam ein Lapidarium im Hof als Neubau aus Stahl und Glas hinzu. Heute gehört das Schlossbergmuseum zusammen mit dem Museum am Theaterplatz, dem Museum Gunzenhauser und dem Henry van de Velde-Museum in der Villa Esche zu den Kunstsammlungen Chemnitz.

Sehenswert sind die historischen Räume und der Kreuzgang, aber auch die Exponate des Schlossbergmuseums, zu denen das aus Holz geschnitzte Heilige

Grab aus der Jakobikirche (um 1480/90) gehört. Die Geschichte der Stadt lässt sich anschaulich nachverfolgen, unter anderem anhand dreier Stadtmodelle. Ein besonderer Schatz ist die Ausstellung zu gotischer Plastik aus Sachsen. Regelmäßige Wechselausstellungen zu historischen Themen ergänzen die Präsentation.

In nördlicher Richtung ist der Küchwald nur wenige Schritte entfernt. Der Name weist auf seine Rolle als Nahrungsquelle des Klosters hin. Heute ist der Küchwald ein parkartiges Naherholungsgebiet mit Freilichtbühne, Parkeisenbahn und Kosmonautenzentrum, das rund um das Thema Weltall und Raumfahrt informiert und als Highlight den Flug in einer Rakete simuliert. Mit der Villa Feistel gibt es in unmittelbarer Nähe des Schlossareals (Kesselgarten 3) ein weiteres bedeutendes Zeugnis der Klassischen Moderne in Chemnitz. Der Architekt Max W. Feistel errichtete es Ende der 1920er Jahre als eigenes Wohn- und Atelierhaus.

[31] Kellerhaus und Umgebung

Unterhalb des Schlossbergs hat sich ein Ensemble von Fachwerkhäusern erhalten, deren Wurzeln bis ins 15. Jahrhundert zurückreichen. Das Kellerhaus (Schlossberg 2), benannt nach den zu dieser Zeit in den Berg getriebenen unterirdischen Gängen, ist seit 1622

Hans Carl von Carlowitz
1645–1714, Oberberghauptmann. Als Sohn eines Oberforstmeisters wurde er auf dem Gut Oberrabenstein (heute Stadtteil von Chemnitz) geboren. Er studierte in Jena Rechts- und Staatswissenschaften, lernte Sprachen und bereiste viele europäische Länder. Ab 1677 wirkte von Carlowitz als Oberberghauptmann in Freiberg. In dieser Funktion war er u.a. für die Holzversorgung des sächsischen Berg- und Hüttenwesens verantwortlich. Mit seinem Werk »Sylvicultura oeconomica« begründete er 1713 die moderne Forstwirtschaft. Darin kommt erstmals der Begriff der Nachhaltigkeit vor.

archivalisch nachweisbar. Die heutige Bausubstanz stammt allerdings aus dem frühen 18. Jahrhundert. Von Beginn an war das Kellerhaus eine Gaststätte und zeitweise Schauplatz der als Bierkrieg bekannten Fehden um Zunftprivilegien des Ausschanks. Nach Jahren des Leerstandes wurde es saniert und 2001 wiedereröffnet (tägl. 11–22 Uhr).

Mit der Sanierung entwickelte sich das gesamte Umfeld zur »Kneipenmeile«. Ein besonderes Schmuckstück ist die Gaststätte »Ausspanne« (Schlossberg 4, tägl. 11–24 Uhr). Das Gebäude wurde kurz vor dem völligen Verfall und Abriss gerettet. Bei der 1997 begonnenen Sanierung kam unter der Bretterverkleidung ein für die Region untypisches Fachwerk mit sogenannten Feuerböcken zum Vorschein. Dendrochronologische Untersuchungen ergaben, dass der Bau 1651 entstanden ist. Das ist erstaunlich, da sowohl Chemnitz als auch das Schloss im damals gerade erst beendeten Dreißigjährigen Krieg schwer gelitten hatten und eine lange Wirtschaftskrise folgte. Der heutige Name »Ausspanne« ist historisch allerdings fraglich, da hier kein Handelsweg vorbeiführte.

Geht man die Schönherrstraße hinter der »Ausspanne« weiter, durchquert man einen kleinen Park, der im 19. Jahrhundert auf Initiative des Unternehmers Louis Schönherr angelegt wurde. Der angrenzende Hang des Schlossberges ist durch eine Vielzahl von Gängen ausgehöhlt, zu deren Ursprung es verschiedene Thesen gibt – Lagerkeller, Bergbauversuche oder auch Fluchtgänge.

[32] AOK-Gebäude

In der Müllerstraße 41 stößt man auf das 1931 eingeweihte Gebäude der AOK, eine weitere Ikone des Neuen Bauens in Chemnitz. Es diente der Krankenkasse nicht nur als Verwaltungssitz, sondern beherbergte auch diverse Arztpraxen und therapeutische Einrichtungen. Die Fassadenverkleidung mit Porphyr, erstmals flächendeckend angewandt, kontrastiert zur grünen Umgebung. Wegen der nahen Schlosskirche verzichtete der Architekt Curt am Ende auf vertikale Dominanten. Der Vorbau mit dem Sitzungssaal im Obergeschoss – ursprünglich mit farbig gefassten Fenstern – nimmt aber die Formen der Kirchenapsis auf. Parallel zur Sanierung wurde Anfang der 1990er Jahre ein rückwärtiger Anbau errichtet, ausgezeichnet mit dem Sächsischen Staatspreis für Architektur 1995.

[33] Schönherr-Fabrik

Seit dem späten Mittelalter ist die Umgebung des Schlossberges auch ein Wirtschaftsstandort. Eine der ersten sächsischen Papiermühlen stand hier, ebenso ein Kupferhammer, sogar Bergbauversuche gab es. Nur wenige Monate nach Eröffnung der ersten Fabrik Sachsens, der Bernhardschen Spinnerei am heutigen Südrand der Stadt Chemnitz, begann die Baumwollspinnerei Wöhler & Lange hier 1800 mit der Produktion von Garnen. Auf dem Areal begründete Carl Gottlieb Haubold 1822 die erste Maschinenbaufirma des Landes. Ein weiteres wichtiges Unternehmen, das dem Areal bis heute seinen Namen gibt, ist die von Louis Schönherr 1851 gegründete Webstuhlfabrik. Schönherr hatte bei Haubold seine Ausbildung erfahren und selbst einen mechanischen Webstuhl für Tuche entwickelt.

Das Schönherr-Gelände blieb bis in die 1990er Jahre eine wichtige Adresse für Unternehmen. Sogar heute ist noch produzierendes Gewerbe ansässig, so eine Gießerei. Es ist damit der älteste durchgängig genutzte Industriestandort der Stadt. Unter dem Namen Schönherr-Fabrik ist der Komplex heute ein Konglomerat von gewerblichen Einrichtungen sowie Kultur- und Freizeitstätten. Aus der Frühzeit der Bebauung stammt u.a. der Bauteil mit dem großen Palladiofenster von 1836.

Industrialisierung
Die seit dem 14. Jahrhundert verbreitete Handweberei, im 18. Jahrhundert durch die Strumpfwirkerei ergänzt, zog mit der Industriellen Revolution zunächst die mechanische Spinnerei nach sich. Aus Reparaturwerkstätten für die Maschinen entwickelten sich Fabriken für deren Herstellung. 1821 wurde in Chemnitz die erste Dampfmaschine als Antrieb genutzt, bald wurden schon die ersten vor Ort gebaut, ebenso wie Lokomotiven. Die ab 1990 einsetzende Krise wurde nach und nach durch Umstellung auf innovative Branchen überwunden. Chemnitz ist auch heute noch ein wichtiger Standort für Maschinenbau und Textilproduktion.

III. Außerhalb des Rundgangs

Industriemuseum Chemnitz

Zwickauer Straße 119, 09112 Chemnitz,
Di–Fr 9–17 Uhr, Sa/So 10–17 Uhr

Denkmalgeschützte Fabrikgebäude, vor über 100 Jahren für eine moderne Gießerei errichtet, sind seit 2003 Standort des Industriemuseums Chemnitz, dem Leitmuseum des Museumsverbundes Sächsisches Industriemuseum. Herausragende Objekte aus der einzigartigen Sammlung des Museums veranschaulichen Beginn und Verlauf der Industrialisierung in Sachsen und berichten vom Erfindergeist und Alltag der Menschen. Zu den Highlights gehört die funktionsfähige Einzylinder-Gegendruck-Dampfmaschine von 1896, die im restaurierten Maschinenhaus an den Glanz der Gründerjahre erinnert und mehrmals jährlich in Aktion zu sehen ist. Die Vorführung ausgewählter Textilmaschinen aus verschiedenen Epochen macht den Prozess von der Fadenbildung bis zur Konfektionierung erlebbar. Zahlreiche Oldtimer der Marke DKW erzählen die Erfolgsgeschichte des Unternehmers Jørgen Skafte Rasmussen, der den Weg für das Zweitaktsystem und den Frontantrieb bereitete.

Museum für sächsische Fahrzeuge

Zwickauer Straße 77, 09112 Chemnitz,
Di–So 10–17 Uhr

Chemnitz war vor 1945 ein Zentrum der deutschen Fahrzeugindustrie. »Wanderer« ist nur der bekannteste Name unter einer Vielzahl von Herstellern. Anfang der 1930er Jahre wurde die Stadt zum Sitz der Auto-Union. Heute gibt es noch ein VW-Motorenwerk, im nahen Hohenstein-Ernstthal zieht der Sachsenring jährlich Hunderttausende Motorsportliebhaber an. Ein Verein, der sächsische Oldtimer sammelt und pflegt, hatte seine erste Präsentation im Wasserschloss Klaffenbach. Seit 2008 ist das Museum nahe dem Stadtzentrum ansässig. Der Gebäudekomplex wurde 1928 als Stern-Garagenhof eröffnet. Es war eine der ersten Hochgaragen Sachsens, zu der auch eine Tankstelle, eine Werkstatt und ein Motel gehörten. Die Aufzüge, mit denen die Autos auf die Etagen transportiert wurden, funktionieren noch heute. Das Museum zeigt Autos, Motorräder und Fahrräder vom späten 19. Jahrhundert bis in die DDR-Zeit in chronologischer Anordnung. Das Schwergewicht liegt dabei auf Marken aus dem Chemnitzer Raum wie DKW, Diamant, MZ oder Trabant, ergänzt durch thematische Sonderausstellungen.

Auto-Union
Der Erzgebirgsraum ist seit dem frühen 20. Jahrhundert ein Zentrum der Fahrzeugproduktion. Unter dem Druck der Weltwirtschaftskrise schlossen sich 1932 unter staatlicher Verwaltung vier Unternehmen zusammen: DKW (Zschopau), Horch und Audi (beide Zwickau) sowie die Autosparte der Wanderer-Werke (Chemnitz). Ihren Sitz hatte die Auto-Union in den früheren Presto-Werken in Altchemnitz. Nach 1945 wurde das Logo der vier Ringe von Audi weiterverwendet. In Chemnitz setzte das Barkas-Werk die Tradition des Fahrzeugbaus fort. Seit 1988 werden dort VW-Motoren produziert.

Villa Esche mit Henry van de Velde-Museum

Henry van de Velde
1863–1957, Künstler und Architekt. Der Belgier studierte Malerei, war als Architekt Autodidakt. Nach Aufträgen in Essen und Weimar schuf er 1903 für den Strumpffabrikanten Herbert Esche in Chemnitz eine Villa als Gesamtkunstwerk des Jugendstils. Er pflegte dabei eine persönliche, lineare Variante des Jugendstils mit zurückhaltender Dekoration. 1911 wurde die Villa erweitert. Für Esche baute er noch einen Tennisklub (im Krieg zerstört) sowie 1914 für seinen Schwager die Villa Koerner. In Weimar leitete van de Velde die Kunstgewerbeschule, verließ aber 1917 wegen politischen Drucks Deutschland und ließ sich in der Schweiz nieder.

Parkstraße 58, 09120 Chemnitz, Mi/Fr–So 10–18 Uhr

Mit der Villa des Strumpffabrikanten Herbert Esche begann in Chemnitz die Moderne mit einem Paukenschlag. Henry van de Velde schuf 1903 ein Gesamtkunstwerk des Jugendstils in parkartiger Umgebung. Er gestaltete nicht nur Haus und Garten, sondern auch Möbel und Ausstattungsgegenstände bis hin zu Kleidung. Mehrfach war Edvard Munch zu Gast und porträtierte die Familie Esche. Nach Jahrzehnten unsachgemäßer Nutzung und des Leerstands war das Kulturdenkmal in einem ruinösen Zustand, die Rettung durch die kommunale Immobiliengesellschaft GGG erfolgte in letzter Minute. 2001 wurde die sanierte Villa wiedereröffnet. Die Räume im Erdgeschoss rund um die zentrale Diele mit dem Oberlicht aus farbigem Glas sind weitgehend originalgetreu rekonstruiert. Im Obergeschoss zeigt eine museale Exposition die Geschichte des Hauses und der Familie Esche. Das Henry van de Velde-Museum ist eine Abteilung der Kunstsammlungen Chemnitz. Es finden auch Konzerte und andere Veranstaltungen statt. Zu empfehlen ist auch das Restaurant in der früheren Remise.

Wasserschloss Klaffenbach

Wasserschlossweg 6, 09123 Chemnitz,
Apr.–Sept.: Di–Fr 11–17 Uhr, Sa/So 11–18 Uhr;
Okt.–März: Di–So 11–17 Uhr

Direkt an dem Fluss Würschnitz, der sich wenige Kilometer weiter mit der Zwönitz zur Chemnitz vereinigt, liegt das hübsche Wasserschloss Klaffenbach. Es war nicht Sitz eines alten Adelsgeschlechts, sondern eine bürgerliche Gründung. Der Annaberger Münzmeister Wolf Hünerkopf kaufte nach der Säkularisierung des Benediktinerklosters mehrere Dörfer südlich der Stadt aus dessen Besitz und ließ sich 1546/49 das Schloss errichten. Auffällig ist die Dachlandschaft aus sich durchdringenden Kielbögen, deren aufwändige Holzkonstruktion man im Obergeschoss bewundern kann. Ab 1615 residierte die aus Estland eingewanderte Familie von Taube für zwei Jahrhunderte im Schloss. 1994 konnte das über Jahrzehnte zweckfremd genutzte und verfallene Gebäude nach umfassender Sanierung wiedereröffnet werden. Es wird für Ausstellungen und Veranstaltungen genutzt, auch einen Hochzeitsraum gibt es. In den anderen Bauwerken des Areals befinden sich ein Hotel, Gaststätten, Künstlerateliers und ein Golfclub.

Chemnitz an einem Tag. Ein Stadtrundgang
Herausgegeben von Mark Lehmstedt

Text: Jens Kassner
Lektorat: Kristina Schulze/Lehmstedt Verlag
Karte: OpenStreetMap-Mitwirkende, geodressing.de
Fotos: Jens Kassner, außer: Mareike Bardenhagen (S. 1, 2, 5, 15, 27, 31, 33, 35, 37, 41), Gerhard Weber (S. 6), Bertram Kober/PUNCTUM (S. 8, 40), Michael Jungblut/smac (S. 11), animaflora/Adobe Stock (S. 20, U1), László Tóth (S. 26), Elsemarie Schaarschmidt (S. 38), Paik Jahnscheck/Fahrzeugmuseum Chemnitz (S. 45), Hans-Christian Schink/PUNCTUM (S. 46), Kolossos/CC BY-SA 3.0 (S. 39, 47)
Gestaltung: Mareike Bardenhagen/Lehmstedt Verlag
Druck: druckhaus köthen GmbH & Co. KG, Köthen (Anhalt)

Umschlag:
1: Altes Rathaus
2: Schornstein des Heizkraftwerkes
3: Stadtansicht von Matthäus Merian d. Ä., 1650
4: Marktszene, Stahlstich von Georg Michael Kurz, um 1840
5: Marx-Büste
6: Detail an den Majolika-Häusern auf dem Kaßberg

1. Auflage, 2018
ISBN 978-3-95797-063-3